Marion Perrin

LE TAROT DE l'Intuition

LE COURRIER DU LIVRE
27, rue des Grands-Augustins
75006 Paris

ISBN : 978-2-7029-1794-7

www.editions-tredaniel.com
info@guytredaniel.fr
www.facebook.com/editions.tredaniel
@le_courrier_du_livre

Sommaire

Introduction

Pourquoi ce tarot ?

J'ai débuté progressivement au fil des deux dernières années un véritable éveil spirituel. Après avoir découvert les différents oracles et autres outils traditionnels, j'ai eu envie d'avoir mon propre tarot pour faire des tirages journaliers, ou lorsque j'en ressentais le besoin.
Le traditionnel tarot de Marseille, si légendaire soit-il, ne me convenait pas, tant en termes d'illustrations que de messages des cartes.

Et puis, un jour, le déclic : pourquoi ne pas créer ma propre version du tarot ? Facilitée par mon métier de graphiste, cette envie, s'est révélée à moi comme une évidence. C'est comme ça que tout a commencé.

Le design des cartes est simple mais pas minimaliste. Ainsi, elles vont à l'essentiel pour vous délivrer leur message.
Chaque carte est symbolisée par un objet qui m'a été « envoyé » par mon intuition et j'en ai ainsi fait ma propre interprétation.

J'ai pris tant de plaisir à suivre ma petite voix intérieure et mes envies créatives pour élaborer ce tarot. J'espère sincèrement qu'il saura, autant qu'à moi, vous faire plaisir et vous aider dans les questionnements que vous pourrez avoir.

Il vous faudra vous l'approprier, ce sera votre tarot. Comme le début d'une nouvelle histoire, prenez le temps d'apprécier chaque détail, chaque élément des cartes, et laissez votre intuition vous guider.

Marion

Conseils d'utilisation

Le Tarot de l'Intuition a pour but de nous guider dans nos questionnements de la vie quotidienne. Il n'y a pas de bonnes ou de mauvaises façons de s'en servir. L'important lorsque nous nous en servons est de suivre notre instinct, cette petite voix qui trotte dans notre tête et que notre société moderne a trop tendance à mettre en sourdine. Si nous suivons notre instinct, nous ne pourrons pas nous tromper.

Quand et quoi demander au *Tarot de l'Intuition*

À tout moment nous pouvons faire appel au *Tarot de l'Intuition*. Que ce soit le matin en nous levant, pour connaître l'humeur de la journée qui nous attend ou bien avant un rendez-vous important, pour savoir s'il se passera bien... Peu importe la raison, si nous en ressentons le besoin, alors, c'est le bon moment de tirer les cartes.

Il n'y a pas non plus de questions idiotes. Si quelque chose nous tourmente, alors il ne faut pas hésiter à demander leur aide aux cartes. Elles sont toujours de bon conseil.

Il ne faut pas pour autant s'attendre à ce qu'elles prennent les décisions à notre place. Si nous avons déjà la réponse en nous, elles ne se gêneront pas pour nous tourner en dérision, en nous laissant nous débrouiller avec notre conscience. Ayons confiance en leur jugement, elles nous connaissent mieux que nous-mêmes.

Comment utiliser *Le Tarot de l'Intuition*

Il existe autant de façons de tirer les cartes qu'il existe de personnes qui tirent les cartes. Ce guide propose une interprétation de chacune des cartes afin de nous orienter. Lors de notre tirage, il est important de suivre notre instinct. Une carte peut soit parler de nous-mêmes, soit parler de la situation que nous vivons avec les personnes que nous côtoyons. À nous d'écouter notre voix intérieure pour comprendre le message. Il est utile que nous notions chaque interprétation de nos tirages afin d'en vérifier l'exactitude le moment venu. C'est ainsi que nous pourrons progresser et comprendre au mieux l'intention des cartes.

TIRAGE AVEC LES ARCANES MAJEURS

Tout d'abord parlons des tirages exclusivement avec les arcanes majeurs : composés de 22 lames, les arcanes majeurs sont représentés par un objet qui leur est propre et symbolisent chacun un pan de notre vie. Peu importe le schéma de tirage choisi, il est important de se trouver dans un lieu qui ne soit pas chargé en mauvais sentiments. Nous pouvons déprécier un lieu soit pour les souvenirs pénibles que nous pourrions avoir avec celui-ci, soit pour les personnes qui incarnent ce lieu et qui ne nous sont pas agréables. Chacun est différent, c'est donc notre rôle de savoir ce qui est bon ou non pour nous.

Une fois installé·e·s, battons les 22 lames majeures et étalons-les devant nous. Posons notre question. Celle-ci peut être posée à haute voix ou bien silencieusement, dans notre tête.

Tirage simple

Réponse

Aide

Ce tirage s'effectue avec une ou deux cartes. Il est utile pour les questions simples qui peuvent être résolues sans trop de difficultés.

Pour cela, nous mélangeons les cartes, puis nous les étalons faces cachées, et, enfin, nous posons la question. Nous tirons une première carte, qui sera la réponse à notre question. Si la réponse obtenue est satisfaisante, nous pouvons en rester là. Si, au contraire, nous estimons qu'il nous faut un complément d'information, nous pouvons en tirer une seconde qui tranchera.

Tirage Épanouissement/Obstacle

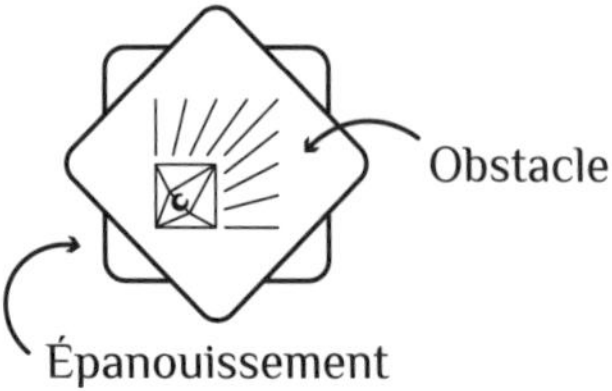

Ce tirage est utile lors de nos moments de doute. Lorsque nous nous sentons bloqué·e·s, pris·es au piège, déprimé·e·s, il nous aide à trouver une solution à nos problèmes en mettant en évidence l'Obstacle qui nous empêche de nous épanouir.

Pour cela, nous tirons une première carte qui représente notre Épanouissement personnel, ce vers quoi nous devons tendre pour nous sentir mieux. Puis nous tirons une seconde carte, qui est l'incarnation de nos Obstacles actuels nous empêchant d'atteindre notre objectif d'Épanouissement.

Tirage en croix (classique)

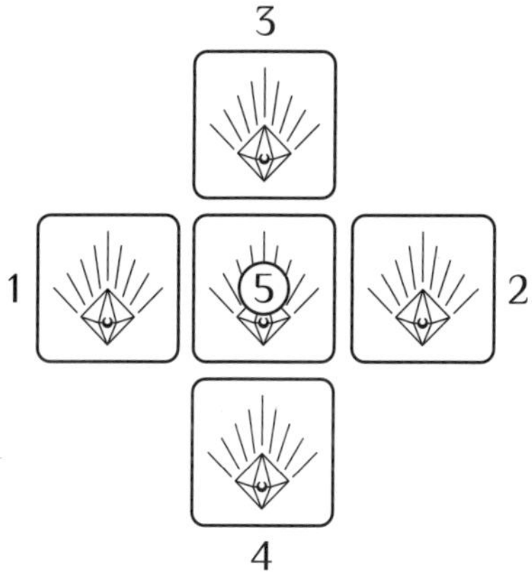

Ce tirage est très utile pour obtenir des renseignements sur nous-mêmes car il tient compte du facteur « temps ».

Chacune des 5 cartes représente un élément de réponse défini ainsi :

1 - Nous, nos atouts.
2 - Les obstacles sur notre route.
3 - La délivrance, ce qui va nous libérer.
4 - Ce qui est actuellement en jeu.
5 - Le thème général du tirage.

Les 5 arcanes sont divisés en 4 groupes de 3 cartes. Chaque groupe représente une ligne temporelle :

- Le trio 1-4-5 révèle le Passé.
- Le trio 2-4-5 concerne le Présent.
- Le trio 2-3-5 représente le Futur Proche (moins de 6 mois).
- Le trio 1-3-5 montre le Futur Lointain (de 1 à 2 ans dans l'avenir).

Pour chaque groupe temporel, nous devons ainsi interpréter les 3 cartes ensemble pour en comprendre le message.

Tirage annuel

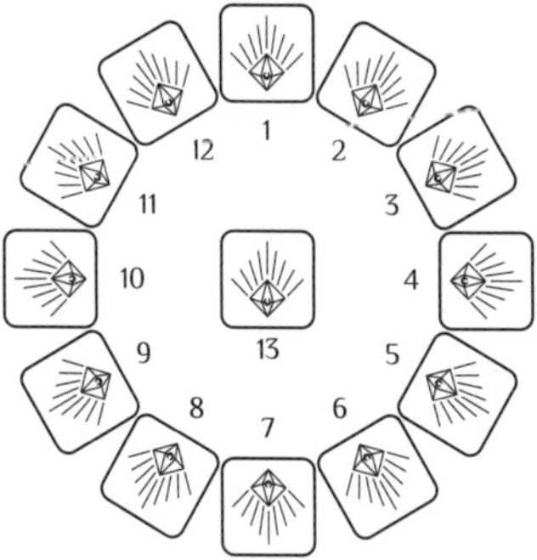

Ce tirage est idéal pour célébrer un anniversaire, ou pour commencer une nouvelle année. Les douze premières cartes symbolisent chacune un mois de l'année. La treizième carte représente l'ambiance générale de l'année à venir.

La première carte que nous tirons sera celle du mois en cours, et les suivantes suivront la chronologie. Nous interpréterons chaque mois en combinant sa carte avec la treizième carte.

TIRAGE AVEC TOUTES LES CARTES

Composés de 4 suites de 14 cartes, les arcanes mineurs nous sont utiles pour avoir un complément d'information. Nous les utilisons alors en arrière-plan des arcanes majeurs.
Pour cela, nous mélangeons l'ensemble des cartes et les étalons comme habituellement pour poser notre question. Tous les tirages précédents peuvent être utilisés de cette façon. La différence avec un tirage exclusivement composé d'arcanes majeurs est que, cette fois-ci, nous ne nous arrêtons pas au nombre de cartes habituel.

Par exemple lors d'un tirage simple à 2 cartes :
Nous allons tirer une carte que nous allons disposer sur la première position. Si celle-ci est un arcane mineur, alors nous tirons une seconde carte que nous disposons par-dessus. S'il s'avère que c'est encore un arcane mineur, nous tirons une nouvelle carte que nous placerons par-dessus, et cela ainsi de suite, jusqu'à tirer un arcane majeur. Une fois l'arcane majeur sorti, nous pouvons passer à la seconde position du tirage, où nous procéderons de la même façon.

Nous pouvons à présent commencer la lecture du tirage. Nous lisons d'abord, comme d'habitude, les arcanes majeurs seuls, puisqu'ils dissimulent les arcanes mineurs. Ensuite, nous nous intéressons aux lames du dessous, pour avoir notre complément d'information.
Si sous un arcane majeur se trouve un grand nombre de mineurs, cela signifie que la situation est complexe, et que de nombreux facteurs entrent en compte.

Si au contraire il n'y a aucune carte en dessous de la lame majeure, ou seulement une ou deux cartes, cela signifie que la situation est claire et que nous n'avons pas à trop réfléchir. Les cartes ont un message et celui-ci est à prendre tel qu'il est. La famille de la suite mineure peut aussi entrer en ligne de compte.

Chaque suite a un élément et des traits qui lui sont associés :

La suite de Bâtons
Reliée à l'élément Feu, elle regroupe toutes nos pulsions et nos désirs. C'est notre côté impulsif qui prend le dessus avec cette suite.

La suite de Coupes
Dominée par l'élément Eau, elle traduit nos émotions, nos sentiments romantiques. C'est notre côté rêveur qui s'exprime avec cette suite.

La suite de Deniers
Issue de l'élément Terre, elle se concentre sur nos inquiétudes matérielles. C'est notre côté prévoyant qui intervient avec cette suite.

La suite d'Épées
Guidée par l'élément Air, elle tranche dans le vif pour prendre des décisions sans ménager qui que ce soit. C'est notre côté rationnel qui s'exprime avec cette suite.

Il ne me reste plus qu'à vous souhaiter de belles réussites avec *Le Tarot de l'Intuition*. Que votre instinct vous guide pour l'éternité...

LES ARCANES MAJEURS

I

Le Bateleur

La carte du Bateleur nous invite à la réalisation de nouveaux projets. Avec elle, nos espoirs ne peuvent qu'aller de l'avant.

Cette carte représente la jeunesse, celle des idées qui tourbillonnent dans notre tête. Elle nous invite à entreprendre, à nous lancer dans une nouvelle aventure. N'ayons pas peur de nos capacités. Tel le Bateleur, nous pouvons faire preuve de créativité avec le peu qui nous entoure. Cela ne signifie pas pour autant que nous devons foncer tête baissée. Sachons nous entourer des bonnes personnes, et mettons notre ego de côté pour apprendre en cours de route.

Cette carte traduit aussi un manque de confiance, dissimulé sous les apparences. Nous pouvons fanfaronner autant qu'il nous plaît, cela n'empêche pas nos blessures d'enfance d'être toujours là, et elles ne partiront pas tant que nous resterons dans le confort de notre bulle.

II

La Papesse

La carte de la Papesse nous invite à nous plonger dans les livres. La connaissance est la clé pour soutenir nos projets. Avec elle, nous enrichirons notre savoir, si nous prenons le temps d'écouter notre voix intérieure.

Cette carte représente la matriarche, une figure maternelle qui nous guide dans nos apprentissages. De nature réfléchie, elle attend de nous des efforts en échange de son aide. Espérer que tout ce que nous désirons nous tombe tout cuit dans le bec est inutile. Son intuition et son expérience font d'elle une formidable alliée pour affronter nos questionnements.

Le secret fait également partie de la Papesse. Par sa grandeur d'esprit, elle nous cache les vérités qui nous sont encore trop difficiles à entendre. Sa protection ne saurait être éternelle et, tôt ou tard, il nous faudra affronter ces secrets qu'elle dissimule à notre regard.

III

L'Impératrice

La carte de L'Impératrice nous invite à faire preuve de diplomatie, pour donner une chance à nos projets de progresser. Avec elle, nous puiserons dans notre force intérieure pour charmer notre auditoire.

Cette carte représente la femme intelligente qui ne craint pas la réussite professionnelle. L'Impératrice nous montre comment, avec du tact et du talent, nous pouvons réussir à mener à bien nos projets. Guidée par la passion, elle nous rappelle que, pour vendre nos idées, il faut avant tout y croire. Car, comment les gens pourraient-ils croire en nous et en nos idées si nous n'y croyons pas nous-mêmes ?

Bien que passionnée par son travail, l'Impératrice n'en oublie pas de penser à la relève. Elle sait nous prendre sous sa protection et nous couvrir d'amour et de tendresse, ce qui, par moment, nous semblera excessif. Son but est de nous guider vers le chemin du succès. À nous de savoir communiquer avec elle et apprendre à en tirer le meilleur.

IIII

L'Empereur

La carte de l'Empereur nous invite à la réussite matérielle. Avec elle, nous saurons marquer notre territoire pour y parvenir sans difficultés.

Cette carte représente l'homme de pouvoir. Il nous montre l'importance des réussites passées, qui peuvent cependant devenir un frein à notre avenir. Il nous transmet sa force et son autorité, qui, si nous ne prenons pas garde, peuvent tourner à la tyrannie. Ce besoin de contrôle, nous sert à dissimuler nos véritables sentiments. Tel l'Empereur, nous nous complaisons dans cette image d'homme viril sans sentiments, mais cela ne nous empêche pas pour autant d'en ressentir. Nos états d'âme sont enfouis si profondément qu'il en devient difficile pour autrui de nous approcher.

L'Empereur sait aussi se montrer protecteur et subvenir aux besoins de ses protégé·e·s. Tel un père froid et distant, il prend soin à ce que ses pupilles ne manquent pas de moyens. Si nous faisons preuve de patience, en plus d'apprendre à son contact, nous pourrions découvrir un cœur qui bat sous cette carapace.

V

Le Pape

La carte du Pape nous invite à nous faire confiance pour mener à bien nos projets. Avec elle, nous apprendrons à écouter les conseils qui nous aideront à avancer.

Cette carte représente le patriarche, l'homme mûr qui prodigue de bons conseils. Si nous les écoutons, nous pouvons être sûr·e·s que notre avenir sera sans nuages. Suite à ses recommandations, attendons-nous à devoir étudier intensément. En effet, pour le Pape, toutes les réussites passent par l'éducation.

Le Pape a aussi tendance à croire qu'il possède la vérité absolue. Avec lui, nous pourrions vite nous retrouver sur un chemin canonique, avec ses propres règles et sa propre notion du bien et du mal. C'est à nous de conserver notre libre-arbitre afin de faire les bons choix. Si nous nous trouvons en désaccord avec le Pape, nous devons nous attendre à être mis à l'écart. Il n'est pas rare pour lui de préférer la personne qui suit ses conseils à la lettre à celle qui trace son propre chemin.

VI

L'Amoureux

La carte de l'Amoureux nous invite à peser le pour et le contre. Avec elle, nous prendrons des décisions cruciales pour le reste de notre vie.

Cette carte représente la croisée des chemins. Deux choix s'offrent à nous : celui du cœur et celui de la raison. Le premier nous semble fou et inconsidéré. Sommes-nous vraiment prêt·e·s à prendre un risque ? Le second, quant à lui, est plus rassurant et réfléchi. Mais voulons-nous vraiment emprunter cette voie ? Intrigué·e·s par chaque chemin, nous nous retrouvons en plein dilemme. Cela ne doit pas nous empêcher de bien considérer les deux possibilités, car, une fois engagé·e·s sur un chemin, nous ne pourrons plus faire demi-tour.

Afin de prendre notre décision, un signe pourrait bien nous venir en aide. C'est à nous de lui prêter attention et d'agir en conséquence.

VII

Le Chariot

La carte du Chariot nous invite à la concrétisation de nos projets. Avec elle, si nous le voulons, nous le pouvons.

Cette carte représente la réussite matérielle. Le Chariot présage que nous sommes sur le point de surmonter un obstacle. Pour cela, nous allons devoir nous retrousser les manches.
Habitué·e·s à nous reposer sur nos biens matériels pour réussir, nous allons devoir nous convaincre que toutes les ressources nécessaires sont enfouies au plus profond de nous. Il ne tient qu'à nous de les exploiter.

Le Chariot nous rappelle aussi que notre volonté de progresser matériellement ne doit pas nous empêcher de nous ouvrir aux autres. Notre manque de confiance peut nous conduire sur une voie qui nous est familière, et cela sans trop de difficultés. Est-ce vraiment ce que nous voulons ?
À force de nous laisser conduire, nous risquons de passer à côté de ce qui nous fait vraiment envie. Cela pourrait, à terme, nous rendre irritable aux yeux des autres et nous isoler davantage.

VIII

La Justice

La carte de la Justice nous invite à l'introspection. Avec elle, nous nous demandons si nous avons bien agi.

Cette carte représente les règles établies qui régissent notre société. La Justice est intransigeante sur les principes moraux, ce qui peut conduire à des excès de critiques étouffants. Cela doit nous inciter à nous poser les bonnes questions : sommes-nous entouré·e·s par les bonnes personnes ? Ne sommes-nous pas trop exigeant avec nous-même ?

Telle la Justice, il nous arrive d'écouter notre raison en priorité, en défaveur de notre cœur. Cette pensée cartésienne peut être utile lorsque nous avons affaire à l'administration, mais cela nous enferme dans un schéma préétabli qui bloque notre créativité.

Bien que rigide, la Justice a un faible pour les personnes méritantes. Elle nous apprend que, malgré les mauvais choix que nous avons pu faire, ce qui compte réellement sont les bonnes choses que nous avons accomplies et l'intention que nous avons d'en accomplir à nouveau.

VIIII

L'Hermite

La carte de l'Hermite nous invite à la réflexion, à l'examen minutieux des tenants et des aboutissants de la situation. Avec elle, aucune décision ne saurait être prise à la légère.

Cette carte représente la quête de vérité. L'Hermite nous enseigne que les biens matériels ne pèsent pas lourd comparés à l'épanouissement de l'âme. Nous devons, tel l'Hermite, prendre du recul sur les événements. Le temps est à la réflexion. Sommes-nous heureux·se·s de nos choix de vie ? Comment améliorer les choses ?

Cette quête sera longue et nous poussera à nous remettre en question. Notre passé doit être analysé sérieusement afin de comprendre nos blocages actuels.

L'Hermite est en questionnement permanent, il s'interroge sur tout et rien ne peut être entrepris sans avoir pesé le pour et le contre. Ce trait de caractère peut tourner à l'obsession et nous empêcher d'avancer. Rien ni personne ne semble nous satisfaire, nous trouvons toujours quelque chose qui ne nous convient pas. Cela en devient un prétexte à notre solitude qui cache nos peurs. À force de craindre d'être déçu·e·s, ne risquons-nous pas de passer à côté de quelque chose de formidable, même si ce n'est pas parfait ?

X

La Roue de Fortune

La carte de la Roue de Fortune nous invite à faire face au changement inévitable de la vie. Avec elle, la vie est un cycle perpétuel de recommencements.

Cette carte représente les aléas de la vie. La Roue de Fortune est là pour nous rappeler que la vie n'est faite que de hauts et de bas. Une fois à terre, nous ne pouvons que nous relever, mais, une fois au sommet, la chute sera rude. Elle agit au gré du sort et nous n'avons pas d'emprise sur elle, ni sur celui ou celle qui la fait tourner. Nous ne pouvons que saisir les opportunités qui se présentent à nous et nous accrocher lorsque tout s'effondre.
La rotation perpétuelle de La Roue de Fortune peut nous mettre en garde sur notre routine quotidienne. Nous nous retrouvons dans un cercle vicieux où nous devons satisfaire nos envies, et, une fois que cela est fait, de nouvelles envies voient le jour. Nous finissons par répéter les mêmes erreurs, qui nous minent le moral et nous piègent dans la fatalité. C'est à nous de dire « STOP ! » à ce cycle infernal qui se transmet de génération en génération. Nous pouvons le faire en nous reconnectant aux choses importantes de la vie grâce à la méditation. Cela nous permettra de retrouver un équilibre, pour enfin nous épanouir.

XI

La Force

La Force nous invite à nous affirmer et à prendre le pouvoir. Avec elle, le pouvoir s'exerce avec douceur et bienveillance.

Cette carte représente la force tranquille. Elle nous enseigne à imposer nos idées, sans pour autant être tyrannique ou borné·e. La Force agit toujours avec réflexion et maîtrise de soi. Grâce à elle, nous pouvons transformer nos colères impulsives en énergie positive, dans laquelle nous puisons notre force pour réussir.

À trop réfléchir sur notre manière d'agir, et à force de retenir nos émotions, nous risquons de passer pour une personne froide et calculatrice. Cela n'empêchera pas pour autant nos conflits intérieurs de s'accumuler, jusqu'au jour où nous ne pourrons plus les retenir. Nous devrions lever le pied de temps en temps et faire quelque chose sans trop réfléchir. Cela nous aiderait à apprécier davantage notre vie.

XII

Le Pendu

La carte du Pendu nous invite à nous questionner sur nos mauvais choix. Avec elle, nous sommes figé·e·s sur place, spectateur·rice·s de notre propre vie.

Cette carte représente la résignation, l'acceptation de nous être trompé·e·s. Nous sommes bloqué·e·s à notre place, comme tétanisé·e·s par les événements. Nous nous sentons pris·es au piège. Pieds et poings liés, nous acceptons notre sort sans trop de résistance. Cette punition que l'on nous inflige, ou que nous nous infligeons à nous-mêmes semble justifiée en raison de nos fautes. Mais, ne sommes-nous pas trop dur·e·s avec nous-mêmes ?

Le Pendu, bien que pris au cou, garde la tête haute. Il nous apprend que notre vision différente du monde n'est pas à bannir, peu importe ce que les autres en disent. Nous devons accepter notre différence, notre originalité, même si cela doit nous mener à des impasses ou à des sacrifices. Si notre cause est juste, nous devons être prêt·e·s à oublier notre confort pour la défendre, cela profitera aux générations suivantes.

XIII

L'Arcane Sans Nom

La carte Sans Nom nous invite à nous débarrasser de ce qui nous encombre. Avec elle, nous terminons un chapitre pour en ouvrir un nouveau.

Cette carte représente la fin de quelque chose. Elle nous rappelle que toute chose a une fin. Nous allons devoir être fort·e·s car un changement majeur s'annonce dans nos vies. Cela risque d'être brutal et terrifiant, mais nécessaire pour aller de l'avant. Pour surmonter cette situation difficile, nous devons nous affranchir de l'autorité afin de devenir notre propre maître. Nous sommes les seul·e·s à savoir ce qui est bon pour nous.

L'Arcane Sans Nom nous libère des situations pesantes. Grâce à elle, nous sommes capable de voir la vraie nature des choses. Ce qui était acceptable hier ne l'est plus aujourd'hui. Il faut nous en éloigner, même si cela est effrayant. Nous devons nous souvenir qu'au bout du chemin, il y a la mort, et que nul ne peut l'éviter. La seule chose qui compte, c'est ce que nous faisons en cours de route. À nous de savoir ce qui est essentiel à notre bonheur. Par chance, nous sommes sur la bonne voie.

XIIII

Tempérance

La carte de la Tempérance, nous invite au compromis. Avec elle, nous tentons de comprendre la partie adverse pour trouver un terrain d'entente.

Cette carte représente la conciliation. Elle nous enseigne à rester ouvert d'esprit et à ne pas nous braquer face à une divergence d'opinion. La Tempérance sait que, face à un choix binaire, il y a toujours une troisième voie possible. À première vue, cette voie peut nous sembler impossible, mais avec un peu de diplomatie nous pouvons réussir à la rendre attrayante pour tou·te·s.

Nous devons penser aussi à notre bien-être intérieur. Telle la Tempérance, nous devons nous orienter sur des méthodes alternatives pour la bonne santé de notre être. La méditation et d'autres médecines douces nous sont conseillées pour atteindre une harmonie intérieure.

La Tempérance est aussi un modèle de persévérance. Nous devons, comme elle, nous montrer patient·e·s et poursuivre nos efforts. Cela sera long, mais, si nous ne fléchissons pas, la réussite nous attendra au bout du chemin.

XV

Le Diable

La carte du Diable nous invite à libérer nos vices cachés. Avec elle, rien n'est interdit, mais attention à ne pas prendre trop goût à cette vie.

Cette carte représente nos bas instincts. Nous nous libérons du joug de la morale et de la bienséance. Le Diable nous montre une voie où nos désirs et nos pulsions règnent en maître. Plus rien n'a d'importance, si ce n'est le besoin d'assouvir nos desseins, même s'il faut pour cela écraser les autres. Le Diable n'a aucun scrupule. À son contact, nous ferons preuve d'une créativité exacerbée lorsqu'il s'agit de manipuler les autres. Dans notre quête de pouvoir, prenons garde à ne pas nous brûler les ailes.

Le Diable agit dans le but de s'élever. Avec lui, nous fuyons nos douleurs passées dans l'espoir de nous réaliser. À faire l'impasse sur les fondations de notre être, ne risquons-nous pas de vaciller une fois au sommet ?

XVI

La Maison Dieu

La carte de la Maison Dieu nous invite à redescendre sur Terre. Avec elle, un changement inattendu s'annonce dans nos vies.

Cette carte représente un bouleversement important qui va survenir, ou qui s'est déjà produit dans nos vies. Nul n'est à l'abri d'un revers de fortune. Nous nous retrouvons avec un repère fort en moins. Cela peut nous sembler catastrophique sur le coup, mais, tout bien réfléchi, c'est un mal pour un bien. Nous n'étions plus à notre aise dans cette situation. Nous avons accumulé des tensions qui, au fil du temps, sont devenues trop lourdes à garder pour nous. Elles ont fini par éclater au grand jour, nous libérant par la même occasion.

Nous sommes dans un moment charnière avec la Maison Dieu. Nous devons faire confiance à notre instinct afin de transformer cette crise en opportunité. Une idée trotte dans notre esprit. Nous l'avions étouffée jusqu'ici, mais il est temps de la réaliser. Tant que nous y allons étape par étape, nous pouvons réussir. C'est à nous de garder les pieds sur terre.

XVII

L'Étoile

La carte de l'Étoile nous invite à la sérénité en lien avec la nature. Avec elle, nous sommes sous les meilleurs auspices.

Cette carte représente la bonne fortune. Nous devons avoir foi en notre destinée. L'Étoile nous accompagne sur la bonne voie de nos espérances. Pour cela, elle nous encourage à nous défaire des artifices de la vie moderne pour nous reconnecter à ce qui est naturel. Telle l'Étoile, nous devons faire confiance à notre instinct et à nos intuitions. Les forces de la nature résident en chacun de nous.

L'Étoile nous encourage à faire preuve de générosité, sans attendre de contre-partie. Artiste dans l'âme, elle prend le monde tel qu'il est, avec ses bons côtés et ses moins bons, afin de créer du positif. Grâce à l'Étoile, tout trouve sa place, si bien que nous n'avons pas besoin de nous inquiéter pour l'avenir.

XVIII

La Lune

La carte de La Lune nous invite à nous interroger. Avec elle, nous devrons voir par-delà les apparences.

Cette carte représente le monde onirique, notre inconscient. Elle évoque nos peurs, celles enfouies dans les profondeurs de notre être ; ces peurs qui nous angoissent et qui nous empêchent d'avancer. La dépression pourrait nous submerger si nous n'affrontons pas nos émotions.

Elle apporte également la méfiance, celle envers les autres, envers notre entourage ou envers nos collègues de travail. Une personne ne joue pas franc-jeu avec nous, et cela peut devenir pesant.

Associée avec une carte de lumière, tels L'Étoile ou Le Soleil, La Lune nous rappelle que nos rêves, aussi fous soient-ils, ne sont pas forcément destinés à demeurer dans l'ombre. Il ne tient qu'à nous de les réaliser.

XVIIII

Le Soleil

La carte du Soleil nous invite à l'entraide et à la bienveillance. Avec elle, le succès est proche si nous nous allions aux bonnes personnes.

Cette carte représente l'optimisme. Elle nous indique que quelqu'un, ou quelque chose, veille sur nous et sur nos projets. Le Soleil irradie sur le monde de sa lumière bienfaitrice. Nous devons accepter cette lumière qui vient d'en haut, tels les conseils d'une personne avisée qui nous distillerait son expérience. Un partenariat sain, sans despotisme malvenu, s'annonce. Nous devons nous montrer ouvert·e·s à cette relation, fondée sur la confiance mutuelle. Ce soutien s'inscrit dans la durée.
Le Soleil fait aussi référence à l'enfance. Au cours de notre vie d'adulte, il peut nous arriver de laisser l'enfant caché en nous se révéler au grand jour. Lorsque nous refusons de grandir, de prendre nos responsabilités, nous pouvons nous montrer impulsif·ve·s, impatient·e·s, insolent·e·s. Cela vient d'un besoin de reconnaissance que nous ressentons vis-à-vis de nos proches ou de notre entourage professionnel. Nous ne devons pas faire taire cet enfant en nous, nous devons exploiter ses forces telles la créativité, l'imagination, la sincérité.
À nous de nous concentrer sur cette énergie positive. Au diable notre manque de confiance en nous ! Nous sommes merveilleux, il est important de nous en souvenir !

XX

Le Jugement

La carte du Jugement nous invite à la communication. Avec elle, les secrets n'ont plus de raison d'être.

Cette carte représente une révélation inattendue. Il semblerait que le temps soit venu de faire éclater la vérité. Le Jugement est attaché à la vérité, et celle-ci doit être connue de tous. Par conséquent, nous devons nous attendre à apprendre des faits nouveaux à propos d'une situation, qui pourraient bouleverser notre vision des choses. Cela se révélera être un tournant majeur dans nos vies, une raison pour nous ouvrir à de nouvelles expériences.

Le Jugement ouvre également les portes entre le monde spirituel et le monde terrestre. Le moment est opportun pour nous connecter avec nos guides spirituels. Ces guides peuvent-être un esprit animal, un ancêtre bienveillant ou une force toute autre. Nous devons trouver la façon de communiquer avec eux, que ce soit par la pratique de la méditation, par le biais d'un voyage onirique, ou encore par un phénomène de signes répétés dans notre quotidien. Une chose est sûre : si nous avons quelque chose à demander à l'Univers, notre souhait sera entendu.

XXI

Le Monde

La carte du Monde nous invite à la réussite. Avec elle, nous sommes au sommet de notre gloire.

Cette carte représente la concrétisation de nos espoirs. Nos projets en cours ne peuvent qu'aboutir, et nous nous retrouvons au centre de l'attention. Tel Le Monde, nous devons considérer toutes les options qui s'offrent à nous et en tirer le meilleur parti possible. Cependant, prenons garde à ne pas laisser notre ego dicter notre conduite.

Sous notre apparente réussite se cachent nos états d'âme. Nous sommes comme pris·es au piège dans une cage dorée. Nous sommes matériellement stables, mais cela ne suffit pas à notre épanouissement personnel. Le doute s'installe en nous. Cela devient une obsession et, plus nous y pensons, plus nous voulons sortir de ce prétendu confort. Le Monde est vaste, et nous voulons aller à sa découverte. L'heure est venue de laisser tout cela derrière nous afin de nous tourner vers un nouvel objectif, plus axé sur nos désirs profonds.

Le Mat

La carte du Mat nous invite à faire fi des « qu'en dira-t-on ? ». Avec elle, la norme sera notre ennemi et avec fierté nous la combattrons.

Cette carte représente cette part de folie qui sommeille en chacun de nous. Elle symbolise le voyageur marginal, qui vit sans se soucier de l'avenir matériel. Néanmoins, nous devons prendre garde que la chance insolente qui nous accompagne dans notre voyage terrestre, pourrait bien nous abandonner au moment où nous en avons le plus besoin.

Cette carte nous rappelle aussi le poids du passé, que nous nous efforçons d'oublier mais qui pèse inexorablement sur nos épaules et nous empêche d'aller de l'avant. Cela n'est pourtant pas une fatalité.

Tel Le Mat, nous avons la capacité de façonner notre avenir, il nous suffit de le saisir pour enfin devenir maître de notre destin.

LES ARCANES MINEURS

L'As de Bâtons

La carte de l'As de Bâtons indique une puissante force créative. Nous sommes guidé·e·s par nos pulsions qui nous conduisent dans de nouveaux domaines de création. Avec l'As de Bâtons, nous saurons sans craintes mener à bien notre projet et affronter les obstacles en cours de route. Bien que nous ayons tendance à nous disperser, nous finirons par nous concentrer sur un objectif.

Guidé·e·s par l'élément Feu, nous avons pour habitude d'agir sur un coup de tête sans trop nous soucier des conséquences.

Le Deux de Bâtons

La carte du Deux de Bâtons nous évoque un moment de choix. Nos envies se sont accumulées et il est temps d'en accomplir une. Le dilemme qui s'offre à nous est de savoir quel désir réaliser. Prenons le temps de la réflexion, car notre choix final nous engagera sur le long terme. Attention toutefois à ne pas trop nous mettre la pression, le choix que nous ferons sera forcément le bon.

Le Trois de Bâtons

La carte du Trois de Bâtons met en évidence une troisième voie. À force d'hésiter entre deux possibilités, nous avons finalement trouvé un moyen de combiner le meilleur des deux. Nous avançons sur ce nouveau terrain sans vraiment connaître le but de ce cheminement. Cela n'est pas bien grave, nous avons encore un peu de temps pour faire marche arrière. Cependant, notre tendance à ne jamais terminer ce que nous avons commencé pourrait nous jouer des tours à l'avenir.

Le Quatre de Bâtons

La carte du Quatre de Bâtons représente un instant de stagnation dans nos vies. Une routine s'est installée, et nous nous reposons sur nos réussites passées. Agir dans la précipitation serait une erreur. Nous devons profiter de cette accalmie, qui ne saurait être que de courte durée, pour amorcer notre remise en route.

Le Cinq de Bâtons

La carte du Cinq de Bâtons offre une nouvelle opportunité de progression. Le moment est propice pour tenter de surmonter une nouvelle étape dans notre projet à long terme. Nous pouvons sans crainte y arriver, tous les signaux sont au vert. La seule condition est d'assumer nos choix de vie.

Le Six de Bâtons

La carte du Six de Bâtons annonce des conditions favorables à une alliance. Pour profiter de notre réussite naissante, nous devons nous associer avec quelqu'un qui ne partage pas nos idéaux, mais qui a, pour l'heure, des intérêts en commun avec les nôtres. Cela nous simplifiera la vie, mais il ne faut pas trop y prendre goût pour éviter de tomber dans la facilité.

Le Sept de Bâtons

La carte du Sept de Bâtons représente un débat entre nous et le reste du monde. Nous sommes actuellement mis·es à l'épreuve sur le terrain des idées. Soyons fidèles à nos convictions, peu importe ce qu'en pensent les autres. Elles valent la peine que l'on se batte pour elles.

Le Huit de Bâtons

La carte du Huit de Bâtons incarne les règles bien établies. Le contexte fait que notre parcours semble déjà tout tracé par un tiers. Les règles nous imposent de suivre cette voie, qui paraît sûre. Mais ne risquons-nous pas de nous perdre en cours de route ? Nous devons prendre le temps de penser à nous. C'est le seul moyen pour nous libérer de cette pression.

Le Neuf de Bâtons

La carte du Neuf de Bâtons symbolise la fin de notre domination. Nous ne sommes plus aux commandes. Nous nous retrouvons dans un affrontement constant. Les difficultés que cela amène immobilisent nos projets. Épuisé·e·s, nous ne devons pas renoncer pour autant. Cela n'est qu'un mauvais moment à passer, nous trouverons un moyen de repartir.

Le Dix de Bâtons

La carte du Dix de Bâtons incarne l'importance de savoir s'entourer. Le moment est rude, mais nous pouvons compter sur une personne fidèle pour surmonter ces difficultés. Si nous restons sur la droite ligne de nos principes, et avec beaucoup de travail, nous ne pourrons que réussir.

Le Valet de Bâtons

La carte du Valet de Bâtons nous parle de la jeunesse fougueuse. Nous sommes plein·e·s de rêves et nous ne voulons qu'une chose, les réaliser. Trop pressé·e·s et immature·s, nous ne savons pas comment nous y prendre. Devons-nous attendre et réfléchir sans fin à la question ou nous lancer tête baissée dans l'inconnu ? Dans les deux cas, nous avons tendance à nous tenir émotionnellement à distance des autres, nous ne sommes pas encore prêt·e·s à nous engager sérieusement. Une chose est sûre : quelque chose de fondamental va se produire, et cela va bouleverser à jamais notre existence.

Le Cavalier de Bâtons

La carte du Cavalier de Bâtons instille le doute en nous. Nous sommes dans une phase de questionnement. Que voulons-nous vraiment ? Nous avons déjà amorcé un changement de cap, mais nous sommes trop connecté·e·s à nos pulsions pour cerner le but réel de nos vies. Il nous encourage à faire une pause afin de penser à la question. Pour réussir, nous devons écouter notre instinct : tout ce dont nous avons besoin se trouve déjà en nous. Il nous suffit de prendre confiance et de nous engager sérieusement dans la voie de l'épanouissement personnel. L'appui de ceux qui nous sont chers est primordial au succès de cette entreprise. Prenons soin de ne pas les oublier dans notre quête du bonheur.

La Reine de Bâtons

La carte de la Reine de Bâtons représente la femme libre. Elle nous invite à laisser notre instinct prendre le pas sur notre vision cartésienne des choses. Elle ne jure que par ses désirs et ses passions pour la guider sur la route de la vie. Nous avons, comme elle, le besoin de nouer contact avec les autres, tout en gardant une distance de sécurité entre eux et notre espace vital. Cette tendance à vouloir séduire tous ceux qui nous approchent trahit une forme de dépendance émotionnelle. Nous avons besoin de l'attention des autres pour nous sentir fort·e·s et sûr·e·s de nous. N'est-il pas venu le temps de mûrir et enfin vivre pour nous?

Le Roi de Bâtons

La carte du Roi de Bâtons nous invite à la maîtrise de nos pulsions. Elle nous encourage à faire preuve de maturité et à ne plus nous lancer sur un coup de tête. Tel le Roi de Bâtons, nous devons prendre le temps de la réflexion avant de nous lancer sur une nouvelle voie. Bien que nous soyons sur le point d'avancer, nous avons pour habitude de trouver une bonne raison de freiner nos projets. Arrêtons de ne pas nous faire confiance. Nous possédons déjà les outils pour mener à bien de nouveaux projets. Il suffit de nous lancer. Qui sait ? Nous pourrions être surpris de nous-mêmes.

L'As de Coupes

L'As de Coupes est le réceptacle de nos sentiments. Ces derniers occupent toutes nos pensées. Nous sommes dans une phase de désir obsessionnel, pour quelqu'un ou pour quelque chose. Cette quête peut s'avérer infructueuse. En effet, nous avons tendance à nous laisser porter par l'élément eau. Et, bien qu'étant source de vie, il peut se montrer dévastateur si nous n'y prenons pas garde. Nous idéalisons notre but, et nous pouvons par conséquent nous oublier au profit de celui-ci.
Nous l'ignorons encore, mais il se cache en nous une immense capacité à s'aimer et à être en paix avec soi-même.

Le Deux de Coupes

La carte du Deux de Coupes représente la naissance d'une relation forte entre deux personnes. Guidée par la passion, cette relation s'épanouit rapidement et des projets sont déjà en cours de réflexion. Attention toutefois à ne pas trop s'emballer, l'avenir pourrait nous surprendre.

Le Trois de Coupes

La carte du Trois de Coupes nous évoque l'arrivée dans nos vies de quelque chose de formidable. Cet avènement de bonheur est dû au fait que nous avons donné la priorité à nos sentiments avant notre raison. Assurons-nous que tout ce bonheur naissant ne nous aveugle pas.

Le Quatre de Coupes

La carte du Quatre de Coupes nous montre un lien étroit au sein d'un groupe d'amis, d'une famille, ou de tout autre entourage. Nous apprécions ce sentiment d'appartenir à un cercle restreint. Prenons toutefois garde à ne pas trop mélanger les intérêts du groupe avec les nôtres. Cela conduit forcément à l'abandon de nos désirs personnels.

Le Cinq de Coupes

La carte du Cinq de Coupes représente notre essor social. Nous nous lions facilement d'amitié avec les autres, au point de devenir rapidement le personnage central du groupe. Notre nouveau statut de référent peut vite nous monter à la tête. La vie privée des autres devient une obsession, jusqu'à vouloir en connaître les moindres détails. Il est peut-être temps de se recentrer sur nous-mêmes.

Le Six de Coupes

La carte du Six de Coupes symbolise l'immuabilité des choses. Tout est à sa place pour que les schémas familiaux se répètent. Nous nous sentons en confiance au sein de notre famille. Que tout semble déjà tracé représente une certaine facilité. Nous n'avons qu'à suivre le chemin choisi pour nous. Cela peut satisfaire la majeure partie des gens, mais sommes-nous comme cette majorité ?

Le Sept de Coupes

La carte du Sept de Coupes nous rappelle l'importance de conserver notre originalité. Même au sein d'un groupe, il est important de rester fidèle à nos convictions. C'est ainsi que nos qualités et nos idées pourront être appréciées à leur juste valeur. Notre personnalité hors norme peut nous isoler socialement, mais cela ne doit pas nous décourager. Chacun·e a sa place dans ce monde, il faut juste parfois faire preuve de persévérance pour la trouver.

Le Huit de Coupes

La carte du Huit de Coupes nous parle de notre famille, ou de nos proches, qui se mêlent d'un peu trop près de notre vie sentimentale. Il suffirait d'une réunion de famille ou d'une fête entre amis, et nous pourrions rapidement nous sentir disséqué·e·s, analysé·e·s sous tous les angles. La pression sociale s'abat sur nous.

Le Neuf de Coupes

La carte du Neuf de Coupes symbolise le parfait groupe productif, où tout un chacun trouve sa place, peu importe son rôle. Si nous sommes capables d'être un simple rouage de la machine, cela pourrait nous conduire à une forme de satisfaction. Avons-nous envie de cette vie ordinaire ?

Le Dix de Coupes

La carte du Dix de Coupes incarne l'aboutissement social. Nous sommes arrivé·e·s en haut de la pyramide. Nous prenons à cœur notre nouvelle position de modèle et, par conséquent, nous prenons soin des gens des rangs inférieurs. Prenons garde à ne pas nous oublier, car le jour viendra où nous redescendrons, et, alors, qui pensera à nous ?

Le Valet de Coupes

La carte du Valet de Coupes nous renvoie à nos premiers amours. Peu importe notre âge, nous sommes comme aux prémices de notre vie romantique. Nous avançons maladroitement vers l'être aimé et nos sentiments nous dépassent. Nous essayons bien de comprendre notre état, mais, étant incapable d'exposer notre cœur au regard des autres, notre entreprise est vouée à échouer. Nous sommes trop focalisé·e·s sur nous-mêmes et sur nos questionnements pour réussir à progresser. N'ayons pas peur d'être nous-mêmes devant les autres. S'ils ne sont pas capables d'apprécier le vrai nous, peut-être ne valent-ils pas la peine des efforts que nous fournissons pour approfondir une relation.

Le Cavalier de Coupes

La carte du Cavalier de Coupes représente l'amoureux·euse transi·e. Nous sommes dévoué·e·s à une personne ou à quelque chose, à un niveau tel que l'on en oublie nos désirs personnels. Nous idéalisons la réalité, au point de nous convaincre que nous sommes sincèrement engagé·e·s dans cette aventure. Si nous poursuivons sur ce chemin d'obéissance et de dévotion aveugle, nous risquons de n'être plus que l'ombre de nous-mêmes.

La Reine de Coupes

La carte de la Reine de Coupes incarne la femme blessée par ses amours passés. Nous pouvons sembler froid·e·s aux yeux des autres, mais il ne faut pas se fier aux apparences. Sous cette attitude introvertie se cache la passion que nous préférons garder pour nous. De peur d'être à nouveau blessé·e·s, nous préférons nous satisfaire de notre solitude. Notre cœur est à prendre, mais mal avisé·e sera celui ou celle qui tentera sa chance avec des arrière-pensées. Seul le véritable amour pourra briser la forteresse et ravir la couronne.
À force de ne penser qu'aux malheurs lointains, ne risquons-nous pas de passer à côté d'une rencontre ou d'une chose formidable ?

Le Roi de Coupes

La carte du Roi de Coupes est un parfait exemple de résilience. Nous devons, comme lui, prendre le bien et laisser le mauvais derrière nous. Bien que nous ayons pu être blessé·e·s par nos relations passées, nous devons recoller notre cœur brisé pour aller de l'avant. Nous avons appris de nos échecs et, aujourd'hui, nous sommes sans doute plus mesuré·e·s dans nos élans amoureux. Cela n'est pas une raison pour nous isoler. Nous sommes le prisme que l'amour utilise pour répandre sa lumière de bonté et de paix sur le monde. De nouvelles rencontres nous attendent, et, si nous tombons à nouveau, nous nous relèverons de plus belle.

L'As de Deniers

La carte de l'As de Deniers représente un essor économique. Nous sommes sur le point d'entreprendre quelque chose qui nous assurera une stabilité financière. Tous nos efforts sont canalisés par l'énergie de l'élément terre. Nous nous focalisons sur ce qui est concret et pragmatique. Notre vision se limite au monde matériel. Notre travail, nos possessions et notre apparence occupent toutes nos pensées.
Il n'y a rien de mal à vouloir être dans le confort. Tout ce qui compte c'est notre bien-être, et cela passe aussi par une sécurité matérielle. La question que nous devons nous poser est la suivante : quel vide essayons-nous de combler avec tous ces biens ?

Le Deux de Deniers

La carte du Deux de Deniers évoque l'opposition de deux contraires qui s'attirent. Nous pouvons être engagé·e·s dans une collaboration avec une personne dont nous nous méfions. Nous sommes pressé·e·s de conclure une nouvelle affaire, qui est encore au stade de la réflexion. Notre impatience nous entraîne sur un chemin peu réfléchi, qui s'avère être sinueux, ce qui retarde notre réussite.

Le Trois de Deniers

La carte du Trois de Deniers présage la réussite dans un nouveau domaine. Une association porte ses premiers fruits. Il y a pu y avoir quelques tensions au sein du duo au long du parcours, mais, aujourd'hui l'heure est à l'apaisement. Notre potentiel est sur le point de se réaliser. Nos prises de risques s'avèrent payantes. Nous ne sommes pas encore en haut de l'affiche, mais les premiers résultats sont encourageants.

Le Quatre de Deniers

La carte du Quatre de Deniers symbolise une famille stable, qui se repose sur ses biens matériels. Les traditions peuvent nous sembler primordiales. Nous ne voyons le monde qu'à travers des œillères, qui nous empêchent de voir par-delà la respectabilité et l'honneur acquis aux fils des siècles par nos ancêtres. Cette vision des choses bloque notre évolution. Nous devons libérer l'oisillon de sa cage dorée si nous voulons parvenir, un jour, à connaître la fierté d'avoir accompli de belles choses.

Le Cinq de Deniers

La carte du Cinq de Deniers amène un chamboulement des traditions. Nous sommes bien décidé·e·s à réussir, sans pour autant être prêt·e·s à tout piétiner sur notre passage. Notre intérêt pour la spiritualité se fait ressentir dans nos choix de vie. Nous aspirons à une existence plus respectueuse de notre Mère, la Terre, même si cela peut susciter la méfiance de nos proches. N'ayons pas peur de choquer, l'avenir nous donnera raison.

Le Six de Deniers

La carte du Six de Deniers appelle à l'essor de nos affaires. Nous pouvons nous montrer optimiste. La concrétisation de nos projets matériels est en bonne voie. Nous devons cette réussite à notre choix de vouloir nous faire plaisir. Malgré notre bonne fortune, le doute s'empare de nous. Sommes-nous à la hauteur ? Avons-nous fait le bon choix ? Notre nature nous impose une constante remise en question de nos capacités. Si nous voulons nous défaire de ce travers, nous allons devoir trouver un moyen de nous réaliser autrement que par la réussite matérielle.

Le Sept de Deniers

La carte du Sept de Deniers nous encourage à accepter les choses matérielles pour ce qu'elles sont. C'est-à-dire, un moyen de financer nos projets bénéfiques pour le monde. L'argent n'est pas nécessairement notre ennemi, il peut être une aide pour soutenir notre générosité. C'est à nous de faire la part des choses et de ne pas tomber dans le vice de l'ego qui anime parfois les puissants. Si nous restons fidèles à nos principes, nous réussirons à trouver un équilibre entre notre spiritualité et le matériel.

Le Huit de Deniers

La carte du Huit de Deniers nous parle d'une situation de groupe où chacun a une place qui lui est bien définie. Dans ce grand ensemble, nous avons, comme les autres, une routine qui nous attend, des tâches que nous répétons chaque jour de la même façon. Ce travail de longue haleine profite à l'ensemble, mais nous avons le sentiment de n'être qu'un grain de sable parmi tant d'autres. À nous de décider si nous pouvons nous satisfaire de cette situation matériellement confortable, mais qui est sans grand intérêt pour l'esprit.

Le Neuf de Deniers

La carte du Neuf de Deniers est le symbole de l'affirmation de soi. Nous voulons progresser et pour cela nous allons devoir nous imposer face aux autres. Grâce à notre personnalité hors norme, nous réussirons à surmonter les obstacles sur notre route. L'avenir ne s'annonce pas de tout repos, mais notre force intérieure est sans limites.

Le Dix de Deniers

La carte du Dix de Deniers évoque une abondance au niveau matériel. Nous ne pensons qu'aux questions d'argent. Soit nous sommes déjà bien pourvu·e·s, et nous voulons encore plus, soit nous nous retrouvons avec une maigre part du gâteau, et nous estimons que certain·e·s se sont gavé·e·s à notre détriment. Quoi qu'il en soit, c'est notre égoïsme qui prend le dessus. Nous devons nous ressaisir, le bonheur ne se cache pas au fond d'un coffre à trésors.

Le Valet de Deniers

La carte du Valet de Deniers met en évidence notre manque de confiance en nos capacités. Bien que le succès nous sourisse, nous sommes en plein doute. Devons-nous poursuivre dans cette voie qui nous réussit, ou devons-nous partir dans la direction opposée ? Pour le moment, nous ne nous faisons pas assez confiance pour prendre une décision. Si nous ne voulons pas passer à côté de quelque chose, nous allons devoir entreprendre un important travail en nous-mêmes, à la recherche de notre potentiel inexploité. Ayons confiance en l'avenir, ce que nous espérons n'est plus très loin. À nous de savoir où regarder.

Le Cavalier de Deniers

La carte du Cavalier de Deniers traduit une volonté d'associer l'effort de devoir travailler avec le plaisir de vivre. Notre objectif nous semble à portée de main, mais nous ne parvenons pas à mettre le doigt dessus. Dans un premier temps, nous devrions peut-être viser moins haut. Cela nous laissera un peu d'espace pour réfléchir à ce qui nous est véritablement nécessaire. Avons-nous besoin ou avons-nous envie d'un confort matériel substantiel ?

La Reine de Deniers

La carte de la Reine de Deniers est la représentation parfaite de notre peur du changement. Nous avons une situation financière confortable et nous souhaitons que cela reste ainsi. Notre expérience nous a conduit à faire les bons choix concernant nos possessions. Venir à manquer nous terrifie, c'est pourquoi nous nous employons à rester dans des domaines qui ont déjà fait leurs preuves par le passé. Nous sommes dans la perspective d'engranger de l'argent au point de nous y intéresser plus qu'aux choses que cet argent est susceptible de nous apporter. Si nous persévérons dans cette voie, ne risquons-nous pas de passer à côté de nouvelles opportunités ?

Le Roi de Deniers

La carte du Roi de Deniers symbolise la sagesse de l'âme face aux questions financières. Que nous ayons ou non de l'argent de côté, cela ne nous préoccupe pas. Le Roi de Deniers est économe. Même lorsque celui-ci possède beaucoup d'argent, il prend garde à ne pas tomber dans les excès de la possession. Comme lui, nous devons rester humbles. Ce principe s'applique surtout dans le domaine des affaires, où nous devons garder la tête froide face à de nouvelles propositions, même si elles peuvent présenter beaucoup d'attraits. Peu importe la direction que prennent nos nouvelles opportunités, nous saurons y réfléchir calmement sans préjugés.

L'As d'Épées

La carte de l'As d'Épées nous fait nous interroger. Nous devons établir clairement nos objectifs de vie. Nous devons laisser la sagesse de l'élément air nous guider, pour nous permettre de comprendre ce que nous voulons vraiment. Avec l'As d'Épées, il n'y a pas de place pour les doutes. Nous devons arrêter toutes nos tergiversations, pour trancher dans le vif, et enfin prendre une décision. Le passé et ses influences négatives doivent rester derrière nous, pour nous permettre d'avancer sereinement. Pour nous y aider, un plan détaillé de ce que nous devons faire est nécessaire à notre réussite.

Le Deux d'Épées

La carte du Deux d'Épées nous enferme dans un cocon sécurisant. Notre côté rationnel nous convainc de ne pas sortir de notre zone de confort. Cela est rassurant, mais aussi étouffant. Nous ne pouvons pas échouer si nous ne visons pas trop loin, mais est-ce une victoire pour autant ?

Pour le moment, nous réussissons à nous contenter de cette situation, mais il est temps d'amorcer notre envol vers le monde extérieur.

Le Trois d'Épées

La carte du Trois d'Épées évoque une réussite facile. Notre impétuosité nous conduit généralement dans des combats idéaux, où nous savons que nous aurons l'avantage sur nos adversaires. Il nous plaît d'intervenir dans les conflits qui opposent deux personnes, pour leur montrer l'étendue de notre intellect. Cela n'a pas vraiment de but, nos idées sont encore bien trop immatures pour conduire quelque part. Ne serait-il pas temps pour nous de progresser ? Un examen en vue ?

Le Quatre d'Épées

La carte du Quatre d'Épées prouve une certaine pression que nous pouvons ressentir actuellement. Cette pression vient de notre travail. On nous impose tout cela, ou nous nous l'imposons à nous-mêmes sous couvert d'un raisonnement indubitablement rationnel. Nous ne sommes pourtant pas à plaindre. La situation actuelle est solide et nous trouvons cela rassurant... Oh ?!... Ne serait-ce pas notre instinct qui souhaite intervenir ? : « Tu peux faire mieux ! ». Il semblerait qu'il ne tienne qu'à nous d'augmenter notre potentiel, mais cela ne pourra pas se faire dans l'environnement actuel.

Le Cinq d'Épées

La carte du Cinq d'Épées évoque une brèche dans notre mur de certitudes rationnelles. Quelque chose a changé dans notre façon de voir le monde. Ce qui hier n'était encore qu'une utopie impossible, devient aujourd'hui potentiellement envisageable. Rien n'est encore gagné, nous ne sommes qu'au début de notre périple. Nous allons devoir persévérer sur cette nouvelle voie sans nous soucier de l'avis conformiste des autres, si nous voulons atteindre, un jour, la réalisation du nouveau « nous ». Attention tout de même à ne pas devenir un tyran qui impose sa vision des choses aux autres.

Le Six d'Épées

La carte du Six d'Épées représente une harmonie apparente. Nous sommes dans une situation complexe, qui nous impose le compromis de nos aspirations pour le bien commun. Ces compromis limitent notre champ d'action. Nous devons faire avec et voir le côté positif des choses. Il y a toujours du bon dans les situations désagréables. Pour nous y aider, une personne extérieure pourrait faire son apparition dans nos vies. Les échanges d'idées avec cette dernière, un brin excentrique, feront du bien à notre être intérieur.

Le Sept d'Épées

La carte du Sept d'Épées affirme une détermination sans failles. Finis les tourments. Nous avons un objectif clair en tête et nous allons tout faire pour le réaliser. Nous nous servons de notre expérience pour servir notre projet – projet qui, généralement, profitera aux autres. Si nous n'oublions pas nos motivations premières, nous ne pourrons pas échouer. Le seul danger sur notre route pourrait bien être nous-mêmes. Si nous laissons nos pires instincts prendre le dessus, nous pourrions bien nous laisser gagner par la haine.

Le Huit d'Épées

La carte du Huit d'Épées indique qu'une personne est sur la défensive. Nous avons dressé des barrières tout autour de nous, pour éviter toutes déconvenues. Nous nous sommes persuadé·e·s que cela était la meilleure chose pour nous. À force de rejeter tout et tout le monde, nous finissons par stagner et notre entourage se restreint, jusqu'à devenir parfois inexistant. Notre premier réflexe, lorsqu'il est question de changer les choses, est de dire : « À quoi bon se donner du mal ? ». Ne perdons pas espoir, nous avons encore des ressources, bien cachées, mais réelles. Le tout, maintenant, est de les trouver.

Le Neuf d'Épées

La carte du Neuf d'Épées annonce l'arrivée d'une nouvelle ère. Grâce à notre détermination, nous avons réussi à battre un adversaire qui nous semblait bien plus fort. Le combat ne fut pas aisé, mais notre optimisme nous a aidé à tenir jusqu'au bout. La situation n'est pas parfaite, mais les critiques négatives que l'on nous faisait, ou que nous nous faisions sont hors-jeux. Arrêtons de nous comparer avec les autres. Nous sommes tel·les que nous sommes, et il est temps de l'accepter pour avancer.

Le Dix d'Épées

La carte du Dix d'Épées évoque le conflit. Nous vivons un moment où tout s'obtient par l'affrontement. Cela en devient fatiguant moralement, pour nous ainsi que pour nos opposants. Rien n'est simple et les décisions prises commencent à être de plus en plus contradictoires. Une vision extérieure de la situation serait bénéfique à tout le monde. Nous allons devoir étayer nos arguments si nous voulons que notre point de vue soit victorieux. La facilité ne saurait être une option.

Le Valet d'Épées

La carte du Valet d'Épées montre notre hésitation à agir. Nous nous sommes préparé·e·s et, pourtant, nous ne sommes pas encore sûr·e·s de vouloir mettre en pratique ce que nous avons appris. Nos envies s'emmêlent dans notre tête et la seule chose dont nous soyons certain·e·s est que l'avenir nous terrifie. Cet avenir incertain nous fait craindre le pire. Nous allons devoir nous ressaisir, si nous voulons avancer. La peur n'évite pas le danger. Ce qui constitue nos entraves aujourd'hui sera la raison de notre envol demain. À nous de trouver le moyen d'y parvenir.

Le Cavalier d'Épées

La carte du Cavalier d'Épées met en lumière toute notre énergie. Nous sommes plein·e·s d'entrain et nous mettons tout en œuvre pour avancer, tant et si bien que nous n'avons peut-être pas considéré la voie choisie dans sa globalité. Nous essayons de faire taire nos doutes, mais ils s'obstinent à se manifester dans notre vie quotidienne. Deux choix s'offrent à nous : le premier, nous laissons notre égo (mal placé) refuser d'avoir peut-être eu tort. Nous continuons donc tête baissée en imposant cette voie, à nous-mêmes et à nos proches. Ou bien, le second : nous stoppons la machine le temps d'analyser ces fichus doutes. Qui sait ? Peut-être repartirons-nous de plus belle dans une voie légèrement différente, une voie à laquelle nous n'aurions jamais pensé ?

La Reine d'Épées

La carte de la Reine d'Épées nous conseille la prudence absolue. Le passé n'a pas été tendre et aujourd'hui encore nos blessures saignent. Même si la situation actuelle est sûre, nous restons sur nos gardes, de peur de voir resurgir les démons du passé. Nous craignons d'être trop proches de quelqu'un qui pourrait encore nous blesser ou nous décevoir. C'est pourquoi nous préférons ignorer nos désirs, pour nous consacrer davantage à l'intellect. Celui ou celle qui verra notre véritable Moi n'est pas prêt·e d'arriver. Nous estimons que nul·le n'en est digne. Reprenons espoir, nous sommes en pleine création. Cela doit encore rester secret, mais, lorsque cela sera suffisamment abouti, nous pourrons retrouver la lumière.

Le Roi d'Épées

La carte du Roi d'Épées représente le stratège. Nous sommes habiles pour conquérir notre auditoire par le verbe. Le Roi d'Épées a décidé qu'il était temps d'affronter l'avenir et que celui-ci lui serait bénéfique. Nous devrions peut-être suivre son exemple. Comme lui, nous doutons. Devons-nous oui ou non nous lancer dans cette aventure ? En sommes-nous capable ? Arrêtons de nous sous-estimer. Nous avons les outils nécessaires à notre réussite et nous saurons affronter les obstacles sur notre route. Pour atteindre les sommets, un plan bien ficelé va être requis. Prenons le temps de tout mettre en place avant de nous lancer, et la réussite nous attendra au bout du chemin.

REMERCIEMENTS

Cette formidable aventure qu'a été pour moi la création de ce tarot n'aurait jamais pu être possible sans mon ami très talentueux, Tiago Veiga. Ses interprétations de cartes sont toujours tellement justes, il a un véritable don. Je me suis régalée à créer ce tarot avec lui, pour vous !
Un énorme merci également à ma petite sœur, Lucie, qui m'a fait profiter de ses talents d'experte en langue française et de son œil de non-initiée au milieu de la taromancie pour relire et corriger ce livret d'interprétation.
Merci également à vous toutes et à vous tous pour votre participation et votre soutien dans cette aventure !
J'adresse également un petit mot d'excuse aux personnes dyslexiques, pour qui l'écriture inclusive n'est pas toujours facile. L'égalité orthographique est à ce prix.

À PROPOS DE L'AUTRICE

Je suis Marion Perrin, graphiste spirituelle, sorcière et maman d'un adorable petit garçon. Je suis une femme intuitive, passionnée, créative et qui aime profondément aider les autres.

Depuis toujours, je suis attirée par la spiritualité. Je m'intéresse à toutes sortes de pratiques qui ont en commun de mettre en avant la féminité sacrée : rituels lunaires, méditations, intérêt prononcé pour la lithothérapie, la cartomancie et tout ce qui touche à l'ésotérisme en général.

L'entrepreneuriat féminin me passionne et j'accomplis ma mission de vie au travers de mon métier de graphiste : j'accompagne les femmes entrepreneures en donnant une âme visuelle à leur projet. Mon but est de travailler avec des femmes inspirantes et ouvertes d'esprit pour combiner mes deux passions : création graphique et spiritualité.

Pour me contacter :
www.marion-perrin.com
Compte Instagram : @la.sorciere.graphique
Page facebook : @marionperringraphiste
Mon podcast : podcast.ausha.co/la-sorciere-graphique